만화로 배우는

사회성 쑥쑥 화용언어 치료

4

만화로 배우는

사회성 쑥쑥 화용언어 치료

4

최소영, 허은경 지음

책을 내면서

사회성이라는 단어는 그 중요성만큼이나 최근 전문가들, 교육자들, 부모님들에게 큰 화제가 되고 있습니다. 사회성은 어떤 단일한 영역이라기보다는 언어, 인지, 정서 등의 토양 위에 좋은 환경과 교육의 햇살을 받아 자라나는 나무와도 같습니다. 사회성은 적절한 언어기술 위에서 자라나고, 잘 자라난 사회성은 언어로 표현됩니다. 그렇기 때문에 언어의 사용, 즉 화용언어는 매우 중요합니다. 예를 들어, 아이가 친구에게 인사를 하는 지극히 기초적인 과정 속에서도 아이는 어떤 표정으로 어떤 말을 건네며 인사를 해야 할지를 고민해야 합니다. 친구가 간단한 질문이라도 던지면, 대화를 더 이어갈 수 있고 인상을 좋게 하며 관심을 표현할 수 있는 방식으로 대답을 고민해야 합니다. 이처럼 복잡한 소통의 터널을 통과하면서 아이들이 어려움을 겪을 때, 부모와 교사는 아이들에게 다양한 상황들을 유연하게 처리할 수 있는 전략을 가르쳐 주어야 합니다. 이 책을 그런 아이들과 부모, 교사를 위해 드립니다. 이 책이 화용언어가 부족한 아이들이 성장하는 데 디딤돌이 될 수 있길 바랍니다.

목차

본 교재의 특징

본 교재에서는 학령기가 된 아이들이 마주할 수 있는 상황들을 만화로 제시하고, 그 상황에 맞는 적절한 말과 행동들을 연습해 볼 수 있도록 하였습니다.

재미있습니다.

'공부', '수업'이라는 말만 들어도 배가 아프고 등이 가려워 오는 아이들에게 만화로 제공되는 교재는 흥미와 학습동기를 끌어올려 줄 것입니다. 또한 낙서판, 줄 긋기, 자르고 붙이기, 손인형 역할극 등의 다양한 활동으로 복습할 수 있도록 과제를 구성하여 학습의 재미를 더하였습니다. 즐겁게 배우고, 또 기다려지는 수업이 아이들의 생각과 마음을 한 뼘 더 자라게 할 것입니다.

쉽습니다.

책읽기나 어른들의 설명을 통한 배움은 활자나 언어를 이해하는 과정을 거쳐야 합니다. 언어능력 · 인지능력에 어려움이 있는 아이들에게는 그러한 방식의 배움에서 심리적인 부담감이 더 커질 수밖에 없겠지요. 만화로 제공되는 교재는 언어를 이해하는 복잡한 과정에 대한 부담을 줄이고, 시지각을 통하여 직접적이고 편안하게 상황을 인식할 수 있도록 아이들을 도와줄 것입니다.

실제적입니다.

호랑이를 잡으려면 호랑이 굴로, 대화를 배우려면 대화 속으로 들어가 보는 것이지요. 만화로 제공되는 교재는 대화체의 문장을 사용하므로, 아이들이 자연스러운 구어문장을 배우고 대화능력을 기르는 데 도움이 될 것입니다. 또한 '말하기'에 초점을 맞춘 복습과제와, 아이 스스로 자가점검을 할 수 있도록 돕는 체크리스트 등을 수록하여 좀 더 실제적으로 생활에 적용할 수 있는 교육을 제공하도록 하였습니다.

이렇게 사용하세요

본 책은 다양하고 재미난 활동들로 구성되었습니다. 다음의 활용 방법을 참고해 아이와 재미있게 이야기를 나누면서 아이의 사회성을 길러 주세요.

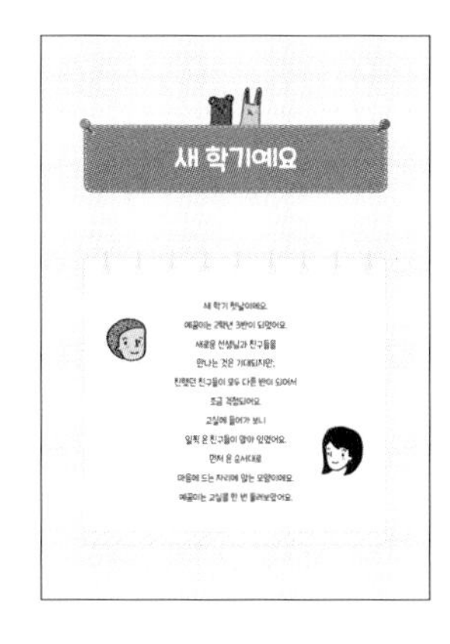

1 상황 설명

만화 에피소드의 제목을 소개하여 주제를 이해하도록 도움을 줍니다. 또한 만화의 배경에 대한 상황과 주인공들에 대한 짧은 이야기가 수록되어 있습니다. 만화를 보기 전에 아이가 내용에 대해 이해하고 생각해 볼 수 있게 도와주세요. 읽기를 싫어하거나 지루해한다면, 억지로 모든 상황을 읽어 주지 않으셔도 됩니다. 만화는 쉽게 구성되어 있어 배경 상황을 잘 모르더라도 내용을 충분히 이해할 수 있으니 주인공들의 이름 정도만 알려 주셔도 괜찮습니다.

2 만화 읽기

학교에서 벌어질 수 있는 다양한 상황을 주제로 한 재미있는 6컷의 만화들입니다. 읽는 순서는 왼쪽에서 오른쪽으로 읽으시면 됩니다. 만화에는 생각풍선과 말풍선이 있습니다. 생각풍선의 말은 속으로만 생각하는 것이라고 아이에게 설명해 주세요. 아이가 생각하는 대로 재미있게 말풍선을 채워 보시고 나중에 모범 답안과 비교해 보는 것도 좋습니다. 하지만 아이가 잘 생각해 내지 못하거나 틀린다고 해도 우선은 만화 내용을 이해하고 즐기는 것에 중점을 두고 진행해 주세요.

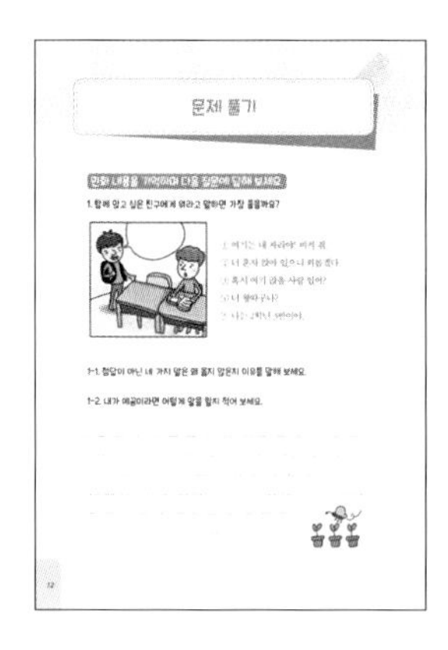

3 빈칸에 들어갈 말 생각하기

앞의 만화의 빈칸에 들어갈 말들을 생각해서 문제를 풀어 보는 활동입니다. 각 질문에 따라서 만화에 들어갈 적절한 말을 다섯 가지 예시 중에서 찾아보게 해 주세요. 그리고 정답이 아닌 다른 네 가지 답은 왜 틀렸는지를 생각하고 이야기해 보도록 해 주세요. 정답이 아닌 네 가지 보기는 엉뚱하거나, 친구의 감정을 상하게 하는 등의 이유로 옳지 못한 표현임을 알려 주세요. 여러 가지 답과 정답을 고려하여 아동의 말로 바꾸어 표현해 보도록 지도해 주세요.

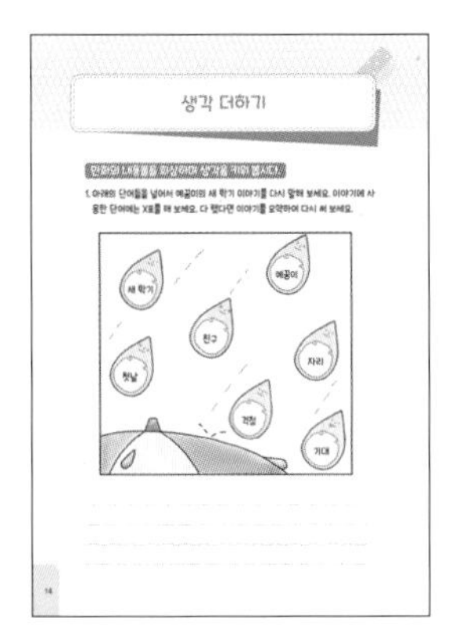
생각 더하기

4 이야기 만들기

화용언어 및 또래 관계에 매우 중요한 것 중 하나가 이야기 말하기 능력입니다. 앞의 만화 내용을 보기에 주어진 단어들을 사용하여 다시 말해 보도록 지도해 주세요. 점수를 매기어 활용하시면 아이들에게 동기를 심어 주어 즐겁게 활동하실 수 있습니다. 점수는 개인적으로 주셔도 됩니다. 저희가 제안하는 점수 가이드라인은 다음과 같습니다. 각 단어를 사용하면 +10점, 모든 단어를 사용할 시 +70점, 문법을 잘 맞추어 구성했을 때 +10점, 이야기 내용과 일치하면 +10점, 요약하여 쓰기를 완성하면 +10점, 총 100점입니다.

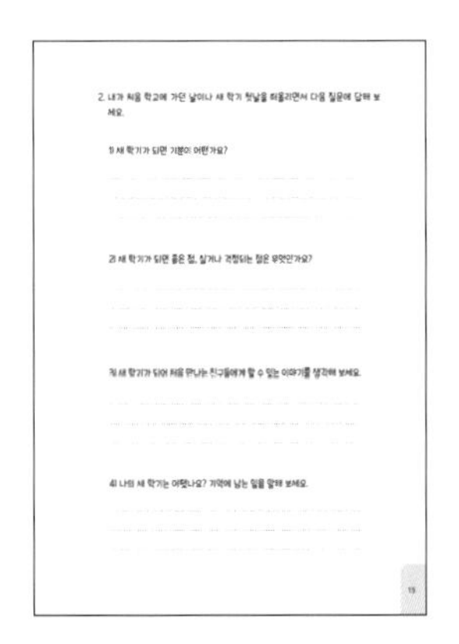

5 이해와 적용 질문들

만화의 내용을 잘 이해하고 있는지 확인하고, 만화의 내용을 개인적으로 적용해 보는 것을 도와주는 질문입니다. 아이들이 만화에 나온 사회적 개념들을 이해하고 있는지를 확인해 보시고 모르는 부분을 알려 주세요. 자신의 이야기를 해 보는 것을 통해 과거의 경험을 회상하면서 앞으로 어떻게 할지도 생각해 보도록 도와주세요. 아이가 지루해할 수 있는 부분이니 칭찬 등의 강화를 사용해 아이가 즐겁게 문제에 답해 볼 수 있도록 도와주세요.

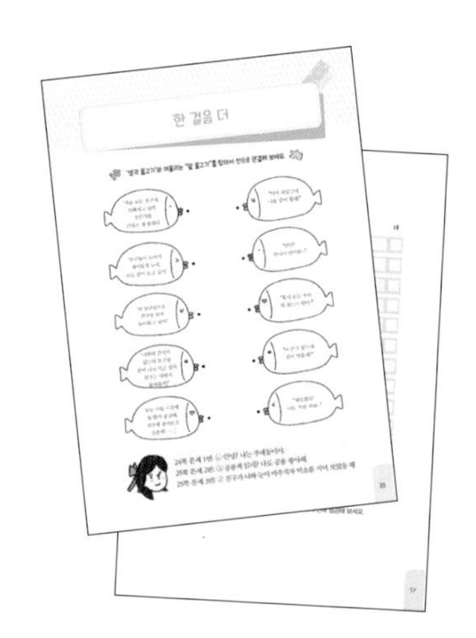
한 걸음 더

6 다양한 활동들(선 긋기, 체크리스트, 질문 등)

만화의 내용을 직접 적용해 볼 수 있는 재미난 활동들로 구성되어 있습니다. 지시에 따라서 다양하게 활동해 보세요. 선 긋기, 올바르게 말하는 친구 찾기 등의 활동을 통해 상황에 적절하게 말하는 능력을 길러 주세요. 체크리스트는 작게 오려서 지니고 다니면서 직접 해당 상황에서 도움을 받을 수 있도록 하시면 좋습니다. 이야기들은 함께 읽어 보면서 아이가 어떤 상황에서 어떻게 활동하면 좋을지를 함께 생각해 보세요. 지나치게 공부하는 느낌이 들지 않도록 진행해 주세요.

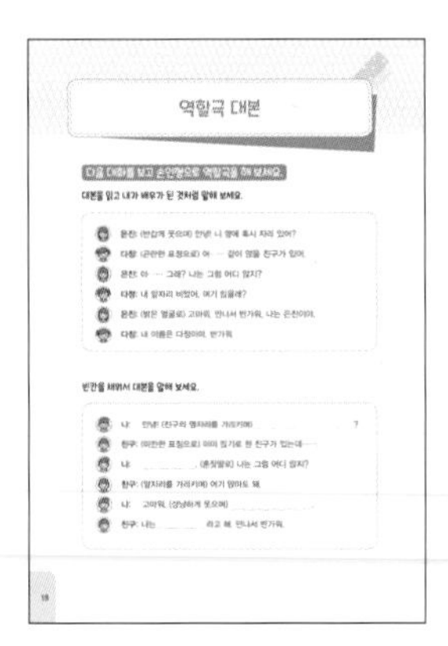
역할극 대본

7 역할극 스크립트

주제에 맞게 적절한 대화 상황을 스크립트 형식으로 제시하였습니다. 아이들이 미리 그 상황에 대해서 생각해 보고 상황에 적절하게 대화하는 법을 연습하는 것을 통해 사회성을 기를 수 있도록 구성하였습니다. 아이와 성인이 번갈아 가며 역할극을 재미있게 해 보세요. 아래 있는 빈칸을 채우며 적절한 말뿐 아니라 제스처나 표정 같은 비언어적인 단서도 알아볼 수 있는 시간을 가지도록 도와주세요. 역할극에 사용할 수 있는 손인형을 부록에 제공합니다.

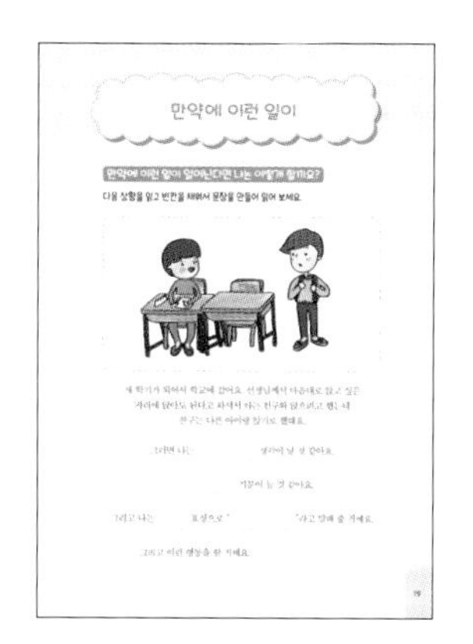

8 만약 이런 상황이면 어떻게 할래?

아이가 사회 속에서 접하게 될 만한 다양한 상황들을 제시했습니다. 아이가 상황을 이해하고, 어떤 생각이 들지, 어떤 말과 행동을 할 것인지를 미리 생각해 보게 도와주세요. 먼저 공부해 본 상황을 접하게 될 때 아이는 덜 당황하게 되고 더 지혜롭게 행동하게 됩니다. 그림을 따로 잘라 카드로 만들어 쓰셔도 좋습니다. 아이에게 그림을 보여 주며 상황질문을 주시고 다양한 해결 방법을 떠올려 보도록 도와주세요. 필요하다면 직접 역할극을 해 보셔도 좋습니다.

9 빈칸 만화 만들기

만화 내용을 생각하며 그대로 다시 구성해 보아도 좋고 아니면 새로운 이야기를 생각해 내도 좋습니다. 어떤 생각과 행동, 그리고 말이 적절할지를 스스로 떠올리게 해 주세요. 미리 말풍선을 채워 주시고 어떤 생각으로 그렇게 말을 했는지를 찾아보게 하시는 것도 매우 재미있습니다. 아이들은 자신의 생각을 어떻게 표현해야 할지도 어려워하지만, 타인의 말을 듣고 타인이 어떤 생각을 하고 있는지를 파악하는 것도 어려워하므로 아이의 필요에 따라 지도해 주세요.

10 보너스 페이지/ 담벼락에 낙서하기/ 답

만화 내용을 생각하며 총정리 및 마무리를 할 수 있게 담벼락에 낙서해 보는 활동을 구성하였습니다. 아이가 진짜 낙서를 하듯 그림이나 글씨를 쓰면서 이야기에서 배운 내용들을 정리해 보도록 도와주세요. 또한 아이들이 머리를 식힐 수 있게 다양하고 재미난 내용들로 구성하였으니 아이들이 재미있게 완성해 볼 수 있도록 도와주세요. 이 페이지 하단에는 객관식 문제의 답이 소개되어 있으므로 아이가 답안을 먼저 보고 문제를 풀지 않도록 지도해 주세요.

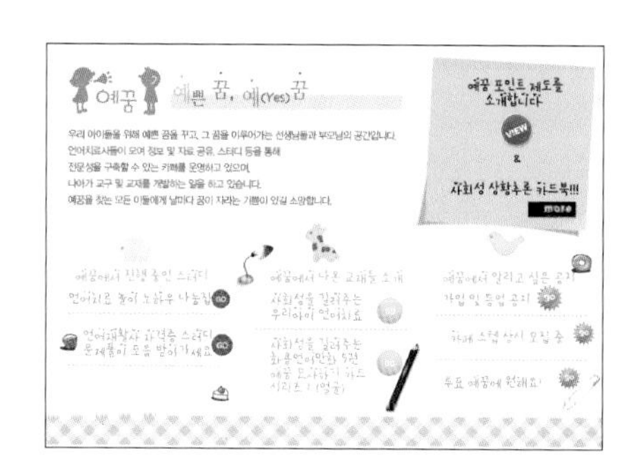

더 궁금한 점이 있으시거나 도움말이 필요하시다면, 언제든지 주저 말고 예꿈까페를 찾아 주세요. 예꿈까페는 예쁜 꿈을 꾸고 그 꿈을 이루어가는 언어치료사, 선생님, 부모님들이 모여 정보 및 자료 공유, 스터디 등을 통해 전문성을 구축해 가는 공동체랍니다.

http://cafe.naver.com/jdreamchildren

모둠을 짜요

* 모둠 숙제는 두 명 이상의 친구들이 모여서 함께하는 숙제를 뜻해요.
모둠은 선생님이 짜 주시기도 하고 원하는 친구들끼리 모여서 만들 수도 있어요.
어떻게 모둠을 만들지는 선생님이 정해 주신답니다.

선생님께서 이번 사회 숙제를

모둠으로 하라고 하셨어요.

우선 마음에 드는 친구들끼리

모둠을 만들어서

선생님께 알려 달라고 하셨어요.

주석이는 누구랑 모둠을 할지

고민하다가

평소에 주석이에게 친절하게 대해 주던

원재에게 말해 보기로 했어요.

만화 읽기

다음 만화를 읽고 빈 말풍선을 채워 보세요.

문제 풀기

만화 내용을 기억하며 다음 질문에 답해 보세요.

1. 주석이와 원재는 모둠을 짰어요. 그리고 현석이가 모둠에 들어왔으면 좋겠어요. 현석이에게 뭐라고 말하면 좋을까요?

① 우리랑 친하게 지내고 싶어?
② 넌 친구가 있냐?
③ 제발 제발 부탁해요.
④ 혹시 우리랑 같이 모둠 할래?
⑤ 오늘 우리 집에 놀러와.

1-1. 정답이 아닌 네 가지 말은 왜 옳지 않은지 이유를 말해 보세요.

1-2. 내가 주석이라면 현석이에게 어떻게 말을 할지 적어 보세요.

2. 현석이는 이미 다른 친구들과 모둠을 하기로 했어요. 현석이는 주석이에게 어떻게 말하는 것이 가장 좋을까요?

① 좋아. 너네 모둠 할게.

② 미안한데…… 나는 이미 다른 모둠에 들어갔어.

③ 너 우리 모둠 할래?

④ 너네 모둠은 우리 모둠한테 질걸?

⑤ 싫은데. 너네랑 같이 안 할래.

2-1. 정답이 아닌 네 가지 말은 왜 옳지 않은지 이유를 말해 보세요.

2-2. 내가 현석이라면 어떻게 말을 할지 적어 보세요.

3. 현석이가 다른 모둠에 들어 있어서 주석이와 원재네 조는 조원 한 명이 모자라요. 어떻게 하면 좋을까요?

① 현석이네 모둠 친구들과 싸워서 현석이를 데려와요.

② 주석이가 현석이네 모둠으로 가요.

③ 아직 모둠을 짜지 않은 다른 친구에게 물어봐요.

④ 다른 반 친구에게 같은 모둠을 하자고 해요.

⑤ 가짜로 없는 친구 이름을 지어서 우리 모둠이라고 선생님을 속여요.

생각 더하기

만화의 내용들을 회상하며 생각을 키워 봅시다.

1. 아래의 단어들을 넣어서 주석이의 모둠 짜는 이야기를 다시 말해 보세요. 이야기에 사용한 단어에는 X표를 해 보세요. 다 했다면 이야기를 요약하여 다시 써 보세요.

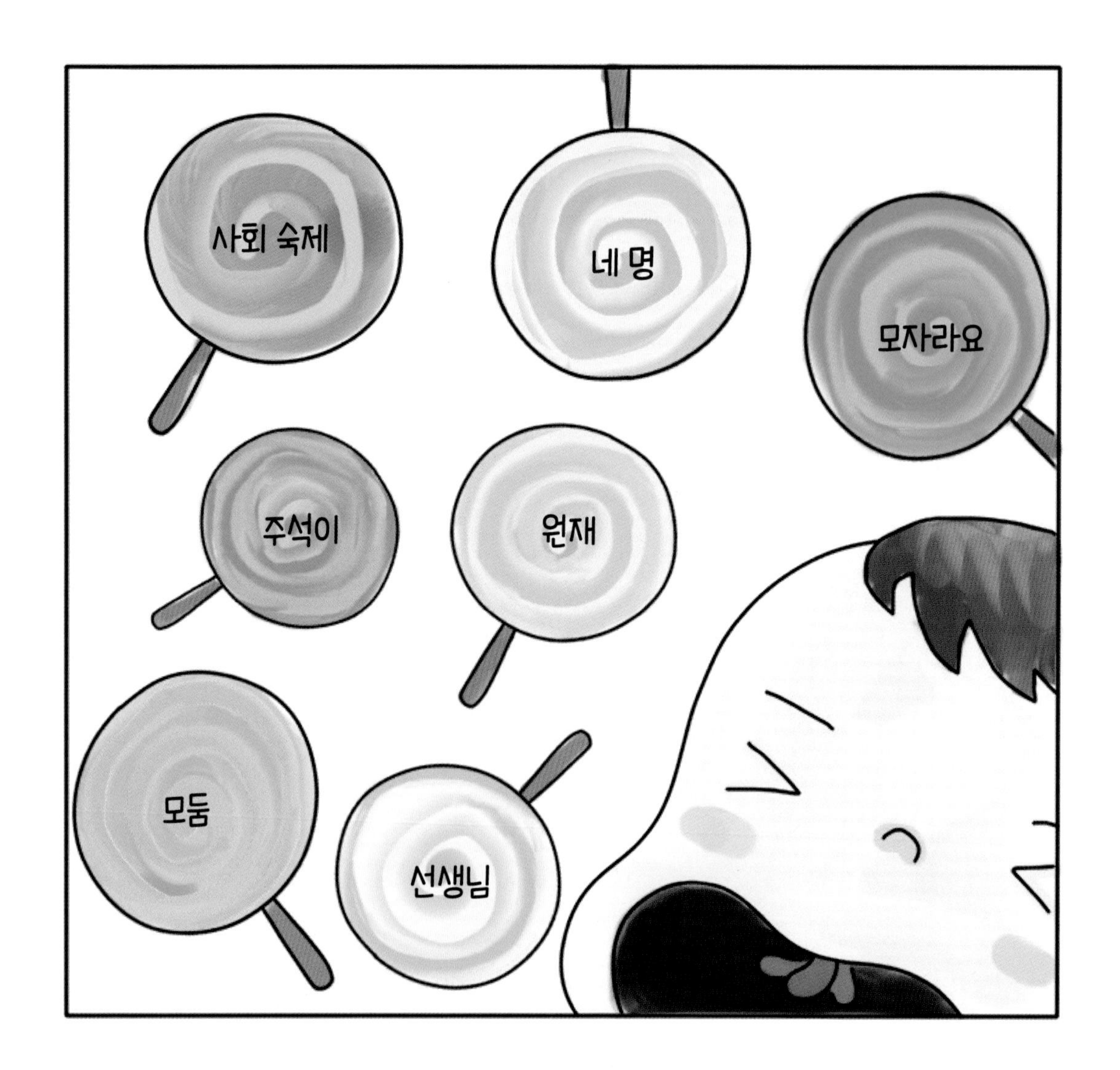

2. 모둠을 짜는 시간을 떠올리면서 다음 질문에 답해 보세요.

1) 나는 어떤 친구와 같은 모둠을 하고 싶나요? 그 이유는 무엇인가요?

2) 모둠 수업을 하면 좋은 점은 무엇인가요? 모둠 수업 시간에 걱정되거나 싫은 점은 무엇인가요?

3) 모둠 수업을 같이하고 싶은 친구들에게 할 수 있는 말들을 생각해 보세요.

4) 친구들과 함께한 모둠 수업은 어땠나요? 기억에 남는 일을 말해 보세요.

한 걸음 더

1. 부탁을 할 때는 친구가 들어줄 수 있게 말하는 것이 중요해요. 친구의 표정, 행동과 말을 잘 살펴보고 가장 잘 부탁한 친구를 찾아서 동그라미 해 보세요.

너네 모둠에 한 명 부족하다며?
나도 같이하면 안 돼? 제발 제발!

너네 모둠에 남은 자리 있지?
그럼 내가 너네 모둠 해 줄게~

너 같이 모둠 할 친구 있어?
없으면 우리 모둠 할래?

너 같이 모둠할 친구 없지?
그럼 우리 모둠이나 해.

2. 때로는 거절할 수도 있어요. 거절당하는 친구는 속상할 수 있어요. 친구가 속상하지 않도록 알맞은 표정과 말로 거절한 친구를 찾아서 동그라미 해 보세요.

나 방금 지우네 모둠 하기로 했는데.
미안해.

글쎄. 너네 모둠은
좀 못할 것 같아서 싫은데?

나 이미 모둠 있거든?!
아직도 없을 거라고 생각한 거야?

됐거든.
나 하기로 한 모둠 있어.

역할극 대본

다음 대화를 보고 손인형으로 역할극을 해 보세요.

대본을 읽고 내가 배우가 된 것처럼 말해 보세요.

 **시윤:** (상냥한 얼굴로) 혜민아, 너 모둠 같이할 친구 있어?

 **혜민:** 아니, 아직 없어.

 **시윤:** 그럼 우리 모둠에 들어올래?

 **혜민:** 너네 모둠에 누구누구 있는네?

 **시윤:** 지금은 나랑 수호랑 보미랑 세 명이야.

 **혜민:** (밝게 웃으며) 그래, 좋아. 나도 같이할게.

 **시윤:** 그럼 이제 한 명만 더 있으면 모둠 완성이다.

 **혜민:** 대성이한테도 한번 물어보자.

빈칸을 채워서 대본을 말해 보세요.

나: 너 같이 모둠 할 친구들 찾았어?

 **친구:** 응. 그런데 아직 두 명이 부족해. 너는?

 **나:** 나는 아직 ____________________.

 **친구:** 그러면 ____________________?

 **나:** 그래! 좋아.

 **친구:** 한 명 더 필요한데, 누구 없을까?

 **나:** 은정이 ____________________?

 **친구:** 그래, 그러자.

만약에 이런 일이 일어난다면 나는 어떻게 할까요?

다음 상황을 읽고 빈칸을 채워서 문장을 만들어 읽어 보세요.

선생님이 함께 숙제를 할 모둠을 만들어 오라고 하셨어요.
짝꿍에게 같이 모둠을 하자고 했는데,
짝꿍은 "너는 끼워 줄 수 없어."라고 했어요.

그러면 나는 ____________ 생각이 날 것 같아요.

____________ 기분이 들 것 같아요.

그리고 나는 ________ 표정으로 "____________"라고 말해 줄 거예요.

그리고 이런 행동을 할 거예요. ________________

내가 만드는 만화

배운 내용을 생각하며 만화 내용을 채워 보세요.

정답 및 쉬어 가는 페이지

배운 내용을 생각하며 생각나는 대로 낙서해 보세요.

12쪽 문제 1번: ④ 혹시 우리랑 같이 모둠 할래?
13쪽 문제 2번: ② 미안한데…… 나는 이미 다른 모둠에 들어갔어.
13쪽 문제 3번: ③ 아직 모둠을 짜지 않은 다른 친구(후략)

모둠 과제를 정해요

준수가 모둠에 들어와서

주석이네 모둠은 원재, 연아, 준수

이렇게 네 명이 되었어요.

선생님은 각 모둠에서 한 가지씩

주제를 정해서 조사해 오라고 하셨어요.

주석이는 모둠 과제로

'우리 동네 지도 그리기'를 하고 싶어요.

만화 읽기

다음 만화를 읽고 빈 말풍선을 채워 보세요.

문제 풀기

만화 내용을 기억하며 다음 질문에 답해 보세요.

1. 주석이는 지도를 그리고 싶다고 했지만 원재는 다른 것을 하고 싶어요. 원재는 주석이에게 어떻게 말하면 좋을까요?

① 우리 오늘 놀러 갈래?

② 그래! 그거 좋다.

③ 지도 그리기는 좀 어렵지 않을까? 다른 것들도 생각해 보자.

④ 너 혼자 해라! 난 딴 거 할래.

⑤ 무조건 내 말대로 하는 거야!

1-1. 정답이 아닌 네 가지 말은 왜 옳지 않은지 이유를 말해 보세요.

1-2. 내가 원재라면 어떻게 말을 할지 적어 보세요.

2. 연아는 주석이 말대로 지도 그리기가 재미있을 것 같아요. 원재에게 뭐라고 말하는 것이 좋을까요?

① 난 지도 그리기도 좋을 것 같아.

② 그럼 넌 우리 모둠 아니야.

③ 넌 주석이가 싫어?

④ 정말 고마워.

⑤ 그럼 역사를 조사하자.

2-1. 정답이 아닌 네 가지 말은 왜 옳지 않은지 이유를 말해 보세요.

2-2. 내가 연아라면 어떻게 말을 할지 적어 보세요.

3. 모둠 과제를 정할 때 가장 옳은 태도를 가진 친구를 골라 보세요.

① 현지: 내가 목소리를 크게 내면 모두 내 의견을 따를 거예요.

② 예꿈: 무조건 내가 좋아하는 친구의 의견을 따르자고 해요.

③ 예나: 우리 조 친구들이 내 말을 안 들어주면 울어요.

④ 수지: 친구의 의견과 내 의견이 달라도 끝까지 잘 들어주어요.

⑤ 하은: 내 의견대로 하지 않으면 열심히 하지 않아요.

생각 더하기

만화의 내용들을 회상하며 생각을 키워 봅시다.

1. 아래의 단어들을 넣어서 주석이네 모둠 이야기를 다시 말해 보세요. 이야기에 사용한 단어에는 X표를 해 보세요. 다 했다면 이야기를 요약하여 다시 써 보세요.

2. 모둠에서 함께할 과제를 정하는 것을 떠올리면서 다음 질문에 답해 보세요.

1) 모둠에서 왜 함께할 과제를 한 가지로 정해야 할까요? 각자가 하고 싶은 과제를 정하면 어떤 일이 일어날까요?

---

2) 모둠에서 함께 과제를 정하는 것의 좋은 점은 무엇인까요? 함께 과제를 정하는 것이 싫거나 걱정된다면 왜 그런지 말해 보세요.

---

3) 모둠의 다른 친구들이 하고 싶어 하는 과제와 내가 하고 싶은 과제가 다를 때, 친구들에게 할 수 있는 말들을 생각해 보세요.

---

4) 모둠의 친구들과 함께 과제 정하기는 어땠나요? 기억에 남는 일을 말해 보세요.

한 걸음 더

내 생각은 이래.

모둠의 과제를 정할 때, 내 의견을 이야기하고 싶어요. 친구들에게 내가 생각하는 주제를 이야기하려면 어떻게 하면 좋을까요? 빈칸을 채우고 말하기 연습을 해 보세요.

내 생각은 달라.

내가 하고 싶은 주제가 친구가 생각한 것이랑 다를 때, 친구에게 내 생각을 어떻게 말할까요? 빈칸을 채워 보고 말하기 연습을 해 보세요.

역할극 대본

다음 대화를 보고 손인형으로 역할극을 해 보세요.

대본을 읽고 내가 배우가 된 것처럼 말해 보세요.

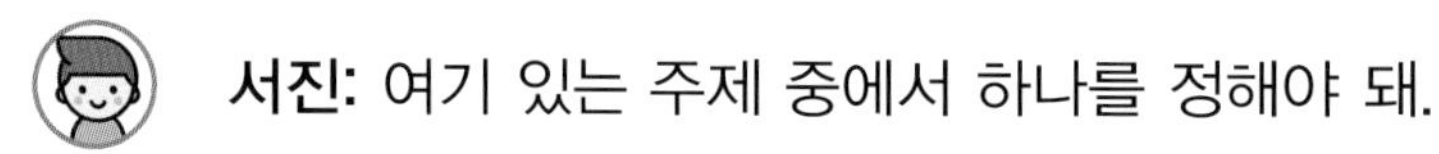

서진: 여기 있는 주제 중에서 하나를 정해야 돼.

보람: 넌 어떤 걸 하고 싶어?

서진: (고민하는 표정으로) 음…… 계절별 음식 소개하기 어때?

보람: 음…… 나는 계절별 꽃 알아 오기도 재미있을 거 같아.

서진: 나는 꽃이름 잘 몰라서 어려울 것 같은데…….

보람: 그럼 다른 친구들에게도 물어보자.

서진: 그래, 좋아!

보람: (다른 모둠 친구들을 향해) 너희 생각은 어때?

빈칸을 채워서 대본을 말해 보세요.

나: 먼저 주제를 정하자. 역사로 할까, 문화로 할까?

친구: 니가 하고 싶은 건 뭐야?

나: ______________________________.

친구: 응, 나도 그거 좋아.

나: (모둠 친구들을 보며) 혹시 다른 주제 하고 싶은 사람 있어?

친구: 잠깐만! 생각해 보니까 ______________도 괜찮겠다.

나: 그래? 그럼 둘 중에 어떤 주제로 할까?

친구: ______________________________.

만약에 이런 일이

만약에 이런 일이 일어난다면 나는 어떻게 할까요?

다음 상황을 읽고 빈칸을 채워서 문장을 만들어 읽어 보세요.

우리 모둠의 한 친구가 내가 하자는 것은 다 싫다고 하면서,
나보고 조용히 있으라고 말했어요.

그러면 나는 ____________ 생각이 날 것 같아요.

____________ 기분이 들 것 같아요.

그리고 나는 ______ 표정으로 " ____________ "라고 말해 줄 거예요.

그리고 이런 행동을 할 거예요. ____________

내가 만드는 만화

배운 내용을 생각하며 만화 내용을 채워 보세요.

정답 및 쉬어 가는 페이지

배운 내용을 생각하며 생각나는 대로 낙서해 보세요.

24쪽 문제 1번: ③ 지도 그리기는 좀 어렵지 않을까?(후략)

25쪽 문제 2번: ① 난 지도 그리기도 좋을 것 같아.

25쪽 문제 3번: ④ 수지: 친구의 의견과 내 의견이(후략)

모둠 과제를 할 날짜를 정해요

모둠 과제는 금요일까지예요.

금요일에는 조사해 온 모둠 과제를

반 친구들 앞에서 발표한대요.

오늘이 월요일이니까 금요일 전에

하루를 정해서 원재네 집에 모여서

함께 숙제를 하기로 했어요.

친구들이 모두 학원을 다니거나 바빠서

모두 함께 모일 수 있는 날을

정하는 것이 어려웠어요.

만화 읽기

다음 만화를 읽고 빈 말풍선을 채워 보세요.

문제 풀기

만화 내용을 기억하며 다음 질문에 답해 보세요.

1. 연아와 원재와 준수 모두 수요일이 괜찮다고 해요. 연아는 주석이도 시간이 괜찮은지 물어보고 싶어요. 뭐라고 물어볼까요?

① 무조건 수요일로 해!

② 너는 수요일에 시간 괜찮아?

③ 월요일에 모이는 건 어때?

④ 나랑 같은 모둠 할래?

⑤ 너는 왜 수요일이 안 돼?

1-1. 정답이 아닌 네 가지 말은 왜 옳지 않은지 이유를 말해 보세요.

1-2. 내가 연아라면 어떻게 물어볼까요?

2. 친구들은 모두 수요일이 좋다고 해요. 주석이는 수요일에 게임을 하지만, 게임은 다른 날 해도 되니까 수요일에 모여도 괜찮아요. 뭐라고 말하는 것이 좋을까요?

① 그래, 괜찮아.

② 내가 한턱 낼게.

③ 그럼 목요일에 모이자.

④ 미안한데, 나 게임해야 돼.

⑤ 짜증나!

2-1. 정답이 아닌 네 가지 말은 왜 옳지 않은지 이유를 말해 보세요.

2-2. 내가 주석이라면 어떻게 말을 할지 적어 보세요.

3. 만약 주석이가 수요일에 게임을 꼭 하고 싶고, 대신 목요일에 축구교실을 빠지고 모임을 하고 싶으면 친구들에게 뭐라고 말해 볼 수 있을까요?

① 게임해서 안 돼. 나 빼고 해!

② 수요일은 안 될 것 같은데, 혹시 너네 목요일은 어때?

③ 수요일 좋아!

④ 너네는 정말 제멋대로야!

⑤ 우리 지도를 멋있게 그리자!

3-1. 정답이 아닌 네 가지 말은 왜 옳지 않은지 이유를 말해 보세요.

3-2. 내가 주석이라면 어떻게 말을 할지 적어 보세요.

생각 더하기

만화의 내용들을 회상하며 생각을 키워 봅시다.

1. 아래의 단어들을 넣어서 주석이 모둠의 모임 날짜 정하는 이야기를 다시 말해 보세요. 이야기에 사용한 단어에는 X표를 해 보세요. 다 했다면 이야기를 요약하여 다시 써 보세요.

----

2. 만날 날짜를 정하던 때를 떠올리면서 다음 질문에 답해 보세요.

1) 모둠에서 만날 날짜를 정할 때 친구들이 서로 자기가 원하는 날에 만나자고 하면 어떻게 될까요?

2) 친구들이 만나자고 한 날짜에 나는 다른 일이 있어서 안 된다면 어떻게 해야 할까요?

3) 서로 만나고 싶은 날짜가 다를 때 모둠을 위해서 내가 할 수 있는 일은 무엇인가요?

4) 친구들과 함께 모임 시간 정하기는 어땠나요? 기억에 남는 일을 말해 보세요.

한 걸음 더

꼭 해야 하는 일, 다음에 해도 되는 일

모둠 과제를 위해서
친구들과 만날 날짜를 정할 때는
기억하세요~ 나는 할 일이 많은데
언제 친구들과 만나면 좋을까요?
중요한 일정은 꼭 시간을 지켜야 해요.
덜 중요한 일정은 시간을 조정할 수 있어요.
다음 상황을 잘 읽고 시간을 꼭 지켜서 해야 하는
일인지, 시간을 바꿀 수 있는 일인지
생각해 보세요. 내 생각을 (   ) 안에서
찾아 동그라미를 그려 보고,
왜 그렇게 생각했는지
이유를 말해 보세요.

친구들이 만나자고 한 날에 나에게 이런 일이 있다면,
나는 어떻게 할까요? 다음 내용을 읽고 생각해 보세요.

• 일요일에는 엄마가 집 대청소를 도와 달라고 하셨어. •

일요일에는 친구들과 약속을 잡을 수 (있어, 없어). 왜냐하면,

• 수요일은 일주일에 한 번 컴퓨터 게임 할 수 있는 날이야. •

수요일에는 친구들과 약속을 잡을 수 (있어, 없어). 왜냐하면,

• 금요일은 할머니 생신이어서 가족과 할머니 댁에 가. •

금요일에는 친구들과 약속을 잡을 수 (있어, 없어). 왜냐하면,

• 토요일에는 영어 말하기 대회가 있어. •

토요일에는 친구들과 약속을 잡을 수 (있어, 없어). 왜냐하면,

역할극 대본

다음 대화를 보고 손인형으로 역할극을 해 보세요.

대본을 읽고 내가 배우가 된 것처럼 말해 보세요.

 **현서:** 우리 언제 모일까?

 **사랑:** 나는 화요일하고 목요일에 모일 수 있어.

 **현서:** (머뭇거리며) 나는 그때 학원 가는데…….

 **사랑:** 몇 시에 마치는데?

 **현서:** 집에 오면 다섯 시야.

 **사랑:** (상냥한 표정으로) 나는 좀 늦게 모여도 괜찮아.

 **현서:** 그럼 화요일 다섯 시에 모이는 건 어때?

 **사랑:** 그래, 좋아.

빈칸을 채워서 대본을 말해 보세요.

 **나:** (친구를 보며) 우리 언제 모일까?

 **친구:** 나는 수요일만 빼고 다 괜찮아.

 **나:** 나는 ______________________.

 **친구:** 목요일에는 몇 시에 모일 수 있어?

 **나:** (곰곰이 생각한 뒤) ______________________.

 **친구:** 그래, 그러면 그때 모이자. 어디서 만날까?

 **나:** ______________________?

친구: 좋아. 그렇게 하자.

만약에 이런 일이

만약에 이런 일이 일어난다면 나는 어떻게 할까요?

다음 상황을 읽고 빈칸을 채워서 문장을 만들어 읽어 보세요.

모둠 숙제를 하기 위해서 함께 모일 수 있는
날짜를 정하기로 했어요. 그런데 한 친구가
자기는 시간이 나는 날이 하루도 없다고 말했어요.

그러면 나는 ____________ 생각이 날 것 같아요.

____________ 기분이 들 것 같아요.

그리고 나는 ________ 표정으로 "____________"라고 말해줄 거예요.

그리고 이런 행동을 할 거예요. ____________

내가 만드는 만화

배운 내용을 생각하며 만화 내용을 채워 보세요.

정답 및 쉬어 가는 페이지

배운 내용을 생각하며 생각나는 대로 낙서해 보세요.

36쪽 문제 1번: ② 너는 수요일에 시간 괜찮아?
36쪽 문제 2번: ① 그래, 괜찮아.
37쪽 문제 3번: ② 수요일은 안 될 것 같은데, 혹시 너네(후략)

역할을 분담해요

* 역할은 내가 해야 할 일, 임무 등을 말해요.

모둠 친구들은 주제로 정한

'우리 동네 지도 그리기'에서

어떤 역할을 할지 정하기로 했어요.

모둠 친구들은 지도 그리기를

마을 조사하기, 그림 그리기, 색칠하기,

예쁘게 꾸미기의 네 가지 역할로

나눠 보았어요. 친구들은 서로

어떤 역할을 하고 싶은지

이야기해 보기로 했어요.

만화 읽기

다음 만화를 읽고 빈 말풍선을 채워 보세요.

문제 풀기

만화 내용을 기억하며 다음 질문에 답해 보세요.

1. 원재가 먼저 조사하기를 하고 싶다고 했는데 주석이도 조사하기를 하고 싶어요. 주석이는 원재에게 뭐라고 말하면 좋을까요?

① 나도 조사하기 하고 싶은데, 양보해 줘.

② 안 돼! 그건 내가 해야 돼.

③ 우와, 좋겠다.

④ 그래! 고마워.

⑤ 조사하기는 정말 힘든 거야!

1-1. 정답이 아닌 네 가지 말은 왜 옳지 않은지 이유를 말해 보세요.

1-2. 내가 주석이라면 어떻게 말을 할지 적어 보세요.

2. 원재는 조사하기 대신 그림을 그리겠다고 했어요. 그런데 준수는 원재가 그림을 못 그리니까 연아가 그림을 그리고 원재는 다른 것을 했으면 좋겠어요. 준수는 어떻게 말해야 좋을까요?

① 웃기지 마!

② 우리 모둠 완전 망했다.

③ 나는 뭐 하면 좋을까?

④ 너는 조사하기밖에 할 게 없어.

⑤ 그림은 연아가 잘 그리니까 연아한테 맡기는 게 어때?

2-1. 정답이 아닌 네 가지 말은 왜 옳지 않은지 이유를 말해 보세요.

2-2. 내가 준수라면 어떻게 말을 할지 적어 보세요.

3. 모둠에서 역할을 공평하고 슬기롭게 나누어 담당하는 것은 매우 중요해요. 다음 중 가장 좋은 모습의 모둠을 고르세요.

① 1모둠: 모두 한 가지씩 역할을 나누어서 함께했어요.

② 2모둠: 다들 하기 싫어해서 결국 모둠 과제를 안 해 왔어요.

③ 3모둠: 서로 쉬운 역할을 하려고 싸웠어요.

④ 4모둠: 한 친구가 거의 모든 역할을 하기로 했어요.

⑤ 5모둠: 따돌림을 당하는 친구에게 어려운 역할을 주었어요.

생각 더하기

만화의 내용들을 회상하며 생각을 키워 봅시다.

1. 아래의 단어들을 넣어서 주석이 모둠의 역할 분담 이야기를 다시 말해 보세요. 이야기에 사용한 단어에는 X표를 해 보세요. 다 했다면 이야기를 요약하여 다시 써 보세요.

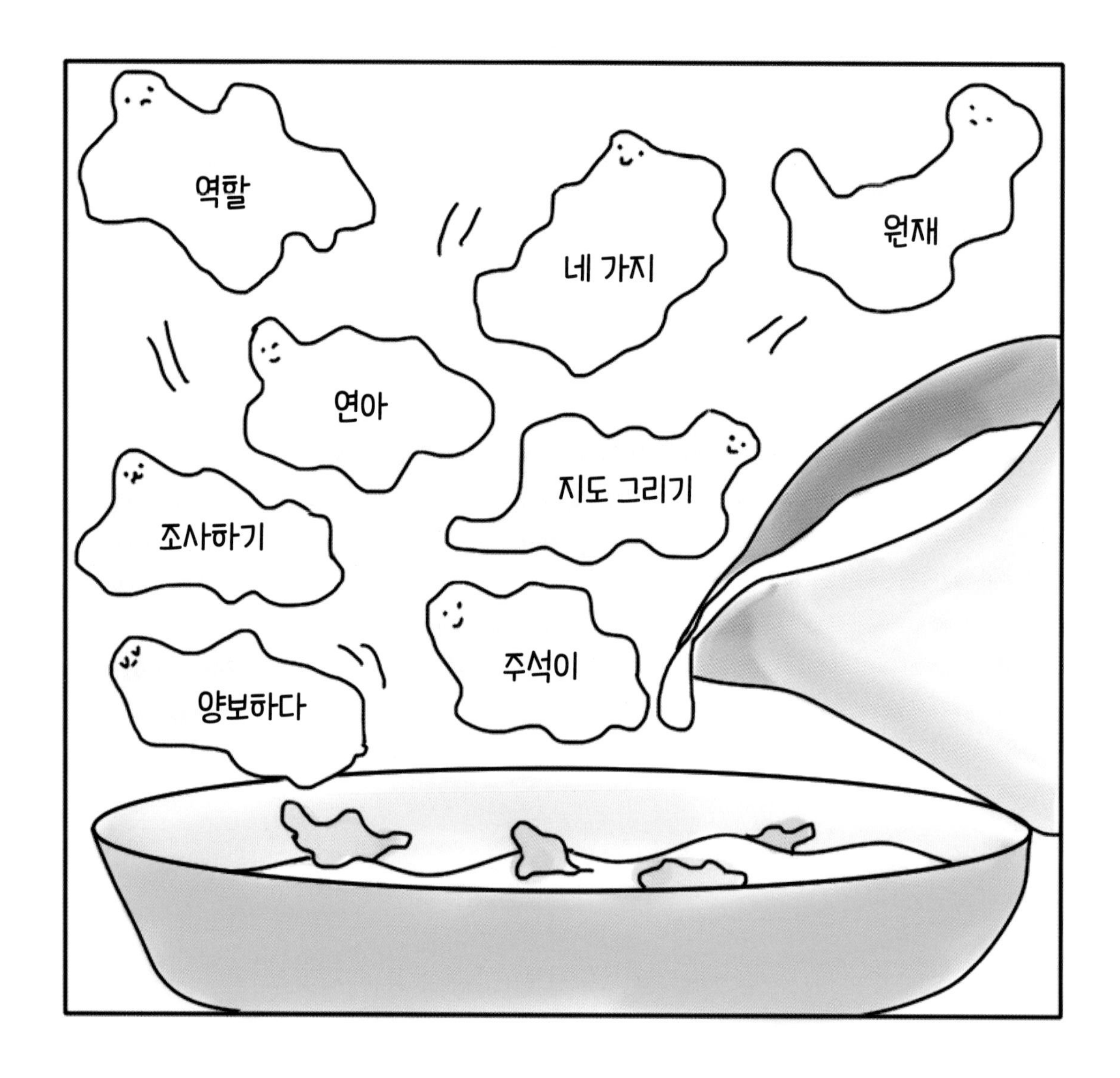

2. 역할을 분담하는 시간을 떠올리면서 다음 질문에 답해 보세요.

1) 친구들이 서로 하고 싶은 것만 주장하면 기분이 어떤가요?

2) 더 잘하는 친구가 있는데 못하는 친구가 그 역할을 하고 싶다고 하면 나는 어떤 생각이 들까요?

3) 다른 친구가 하고 싶다고 한 역할을 나도 하고 싶을 때 친구들에게 할 수 있는 말들을 생각해 보세요.

4) 친구들과 함께 역할 정하기 시간은 어땠나요? 기억에 남는 일을 말해 보세요.

한 걸음 더

1. 역할을 정할 때, 모둠 친구들이 자기가 잘하는 부분을 맡는다면 과제를 더 잘할 수 있을 거예요. 자기가 못하는 부분을 맡겠다는 친구에게 다른 역할을 맡도록 말하고 싶어요. 뭐라고 말을 해야 친구의 기분을 상하지 않게 말할 수 있을지 골라서 동그라미 하세요.

너 그림 진짜 이상하게 그리더라.
그냥 조사나 하지.
괜히 욕심 부리지 마.

넌 나서지 좀 마!
기다리다가 남은 거나 해.

근데 너는 그 역할보다는
색칠하기를 잘할 것 같아.

그림 그리기는 연아가
더 잘할 것 같은데
연아한테 맡기는 건 어떨까?

2. 역할을 정할 때, 모둠 친구들이 나에게 맡으라고 하는 역할이 너무 많거나, 너무 어렵거나, 내가 정말 하기 싫은 역할이거나, 잘할 자신이 없을 때는 어떻게 말해야 할까요? 좋은 말을 골라서 동그라미 하세요.

미안한데, 난 그 역할은
좀 자신 없어서
다른 역할하면 안 될까?

너네나 해!
난 모둠에서 빼 줘~

나보고 다 하라고?
그래~ 좋아!
내가 다 할게. 너네는 쉬어.

근데
내 역할이 너무 많은데
나눠서 맡으면 안 될까?

역할극 대본

다음 대화를 보고 손인형으로 역할극을 해 보세요.

대본을 읽고 내가 배우가 된 것처럼 말해 보세요.

 **태희:** (친구들을 보며) 역할을 어떻게 나눌까?

 **원진:** 나는 그림 그리기 하고 싶어.

 **태희:** 나도 그리기 하고 싶은데…….

 **원진:** 너는 발표도 잘하잖아. 발표하는 건 어때?

태희: (걱정스러운 표정으로) 발표는 좀 떨린단 말이야.

 **원진:** 나도 발표는 너무 어려워.

태희: (고민하다가) 알았어. 그럼 내가 발표할게.

 **원진:** (밝은 얼굴로) 고마워!

빈칸을 채워서 대본을 말해 보세요.

나: 우리 역할을 정하자.

 **친구:** 조사하기 내가 해도 돼?

 **나:** (당황한 표정으로) ____________________.

 **친구:** 음…… 나도 조사하기가 제일 재미있을 것 같은데…….

 **나:** ____________________.

 **친구:** 알았어. 그러면 니가 조사해 오고 내가 표로 만들게.

 **나:** (__________) 고마워.

 **친구:** 응, 열심히 하자!

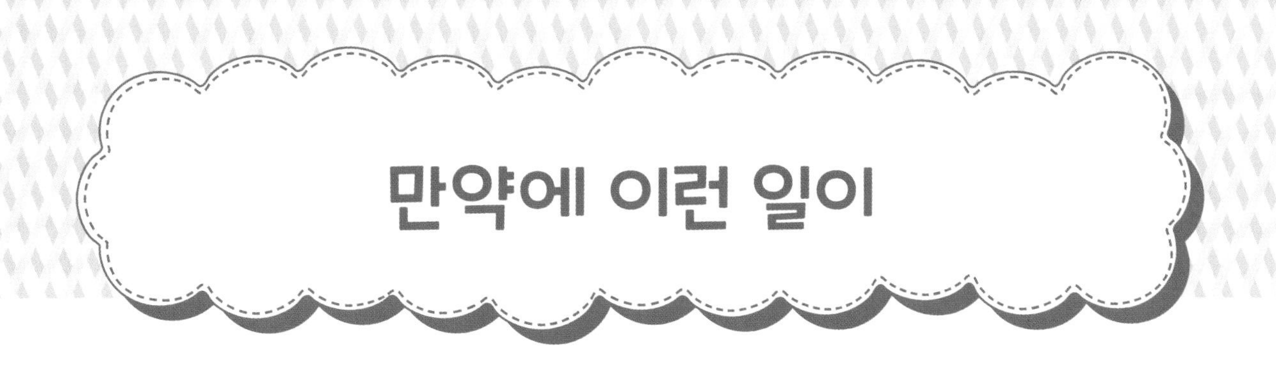

만약에 이런 일이

만약에 이런 일이 일어난다면 나는 어떻게 할까요?

다음 상황을 읽고 빈칸을 채워서 문장을 만들어 읽어 보세요.

모둠 친구들끼리 역할을 분담하기로 했어요.
그런데 내가 맡은 역할이 다른 친구들보다
훨씬 많은 것 같아요.

그러면 나는 ______________ 생각이 날 것 같아요.

______________ 기분이 들 것 같아요.

그리고 나는 ________ 표정으로 "__________________"라고 말해 줄 거예요.

그리고 이런 행동을 할 거예요. ______________________

내가 만드는 만화

배운 내용을 생각하며 만화 내용을 채워 보세요.

정답 및 쉬어 가는 페이지

배운 내용을 생각하며 생각나는 대로 낙서해 보세요.

48쪽 문제 1번: ① 나도 조사하기 하고 싶은데, 양보해 줘.
49쪽 문제 2번: ⑤ 그림은 연아가 잘 그리니까(후략)
49쪽 문제 3번: ① 1모둠: 모두 한 가지씩 역할을(후략)

책임을 다합시다

모둠 친구들은 원재네 집에 함께 모여서

숙제를 하기 시작했어요.

그런데 연아랑 준수가 떠들기 시작했어요.

그러자 원재는 조금 화가 났어요.

원재네 집에는 정말 재미있는 게임기가 있었어요.

주석이는 게임이 너무 하고 싶어서

자기가 맡은 역할인 조사하기를 대충대충 끝내고

게임을 하기 시작했어요.

원재와 다른 친구들은 할 일이 많아서 힘든데

주석이가 혼자 게임을 하고 있으니 얄미웠어요.

만화 읽기

다음 만화를 읽고 빈 말풍선을 채워 보세요.

문제 풀기

만화 내용을 기억하며 다음 질문에 답해 보세요.

1. 원재가 이야기를 하는데 준수랑 연아는 떠드느라 듣지를 않아요. 뭐라고 말하는 것이 좋을까요?

① 우리 집에서 나가.

② 정말? 그 얘기 좀 더 해 봐!

③ 우리 같은 모둠 할래?

④ 짜증난다, 정말.

⑤ 얘들아, 내 말 좀 들어 줘.

1-1. 정답이 아닌 네 가지 말은 왜 옳지 않은지 이유를 말해 보세요.

1-2. 내가 원재라면 어떻게 말할까요?

2. 준수와 연아는 다른 이야기를 하느라 원재의 말을 듣지 못한 것이 미안해요. 뭐라고 말하는 것이 가장 좋을까요?

① 정말 미안해, 삐침쟁이야.

② 다 듣고 있었거든?

③ 왜 우리 말하는데 끼어들어?

④ 미안해. 다시 말해 줄래?

⑤ 지도 그리기는 연이가 할 거야.

2-1. 정답이 아닌 네 가지 말은 왜 옳지 않은지 이유를 말해 보세요.

2-2. 내가 준수와 연아라면 어떻게 말을 할지 적어 보세요.

---

3. 주석이는 자기 것을 대충 하고, 다른 모둠 친구들이 고생하는데 도와주지 않고 게임을 하고 있어요. 원재는 주석이가 마음 상하지 않게 도와 달라고 하고 싶어요. 뭐라고 말하는 것이 가장 좋을까요?

① 넌 배신자야.

② 주석아, 모두들 열심히 하는데 너도 좀 도와주면 안 될까?

③ 게임 진짜 재밌지?

④ 너 게임 좀 못하는 듯.

⑤ 그거 내 게임기야! 하지 마.

3-1. 정답이 아닌 네 가지 말은 왜 옳지 않은지 이유를 말해 보세요.

3-2. 내가 원재라면 어떻게 말을 할지 적어 보세요.

생각 더하기

만화의 내용들을 회상하며 생각을 키워 봅시다.

1. 아래의 단어들을 넣어서 주석이의 모둠 숙제 이야기를 다시 말해 보세요. 이야기에 사용한 단어에는 X표를 해 보세요. 다 했다면 이야기를 요약하여 다시 써 보세요.

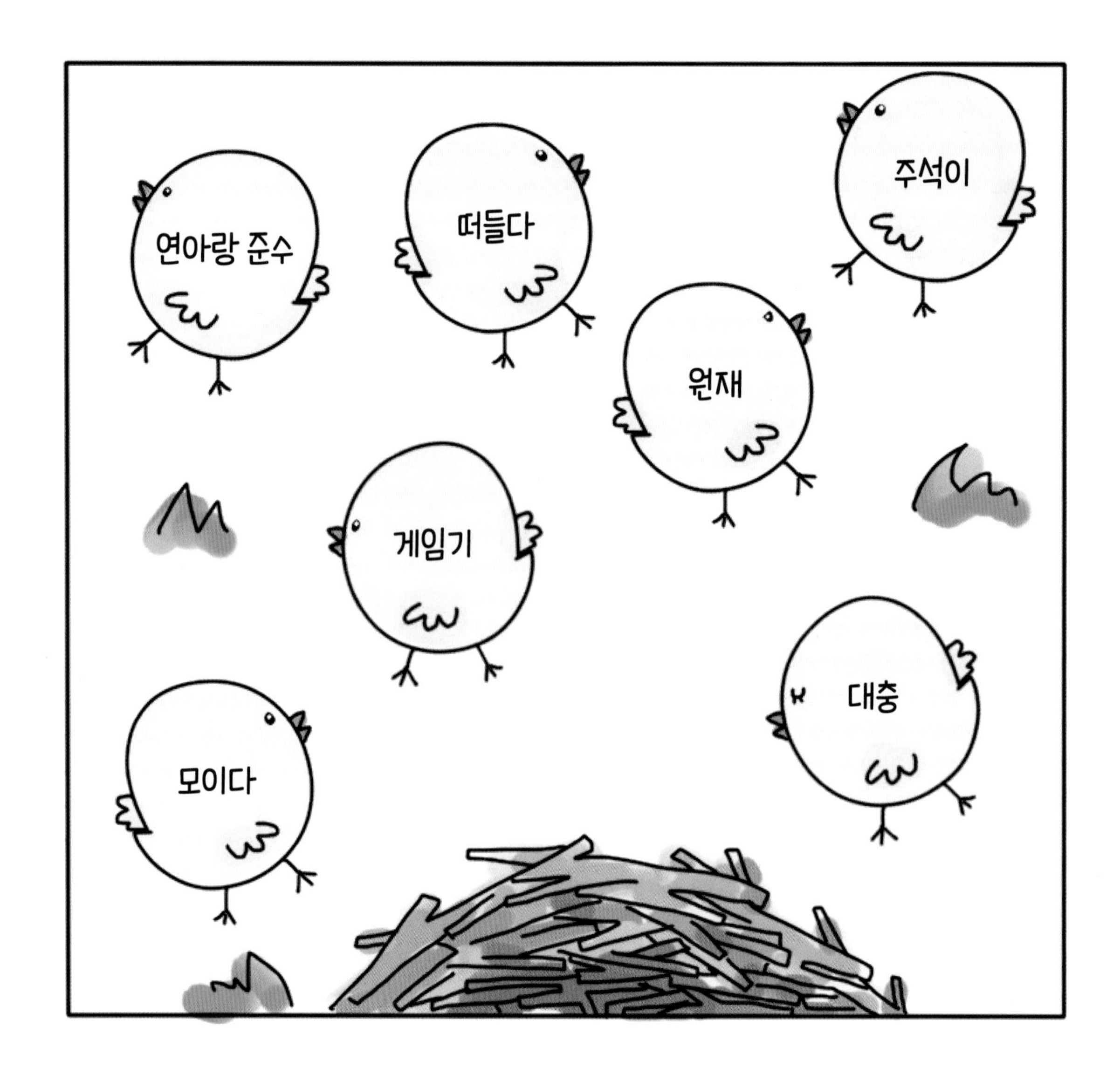

---

2. 모둠에서 함께 숙제하는 시간을 떠올리면서 다음 질문에 답해 보세요.

1) 친구들이 서로 도와 가며 열심히 숙제를 하면 기분이 어떤가요?

2) 다른 친구들이 열심히 숙제를 하는데 옆에서 놀고 있는 친구를 보면 기분이 어떤가요?

3) 내가 맡은 일을 혼자 다 끝내기 어려울 때 친구들에게 할 수 있는 말들을 생각해 보세요.

4) 친구들과 함께 숙제하기 시간은 어땠나요? 기억에 남는 일을 말해 보세요.

한 걸음 더

1. 내 행동들은 친구들에게 어떻게 보일까요? 내가 어떤 행동을 했을 때, 친구들은 어떻게 생각할지를 연결해 보세요.

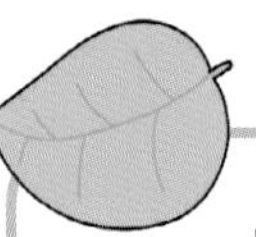

나의 행동

친구들이 함께
이야기를 하고 있는데
나는 혼자 게임을 해요.

친구의 생각

우리 이야기가
듣기 싫은가 봐.
게임만 하네.

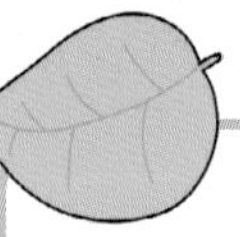

나의 행동

내가 맡은 일을
다 한 다음에
친구들에게 자랑하며
못 한 친구들을 놀려요.

친구의 생각

자기 것을 다 하고
내 것까지 도와주다니
정말 멋진 친구야!

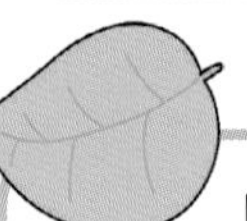

나의 행동

내가 할 일은
하나도 하지 않고
다른 친구들이 하는 것을
구경하러 다녀요.

친구의 생각

쟤는 아무것도 안 하고
놀기만 하나 봐.
자기 일이나 열심히 하지.

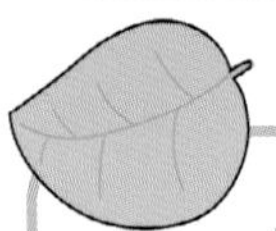

나의 행동

내 것을 빨리 끝내고
다른 친구들을
도와줘요.

친구의 생각

잘난 체만 하고
도와주지 않는 친구는
하나도 멋있지 않아.
기분 나빠!

2. 친구들이 불쾌한 행동을 했을 때 지적해 주어야 한다면, 어떻게 말해야 좋을까요? 친구의 행동과 나의 말을 연결해 보세요.

친구의 행동

모두 열심히
모둠 숙제를 하고 있는데
한 친구가 참여를 안 하고
게임을 해요.

나의 말

내 숙제가 부족하지만
그래도 열심히 한 건데
네가 그렇게 말하니
속상하다.

친구의 행동

한 친구가
내가 한 숙제를 보고
못 했다면서 놀려요.

나의 말

게임은 나중에 하면
안 될까? 지금은
다 같이 숙제하잖아.

친구의 행동

친구가
자기 것은 하나도 안 하고
자꾸 내가 숙제하는 것을
힐끗힐끗 쳐다봐요.

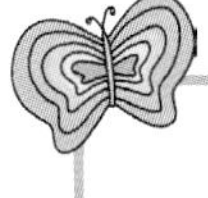

나의 말

정말 고마워.
너는 진짜 좋은 친구야.
나중에 나도 도울 일 있으면
도와줄게.

친구의 행동

친구가 내가 어려워하는
부분을 친절하게
알려 주고 도와줘요.

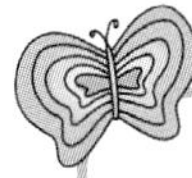

나의 말

너 숙제 다 했어?
아직 다 못 했으면
빨리 서둘러.
내 거는 나중에 보고.

역할극 대본

다음 대화를 보고 손인형으로 역할극을 해 보세요.

대본을 읽고 내가 배우가 된 것처럼 말해 보세요.

 **하율:** (모둠 활동 중에 종이접기를 하며) 개구리 만들어야지~.

 **예서:** (살짝 짜증나는 얼굴로) 하율아, 우리 지금 다 같이 발표 준비 하잖아.

 **하율:** 잠깐만, 이거 하나만 만들고~.

 **예서:** 그건 나중에 해도 되잖아. 지금은 이거 같이하자.

 **하율:** 다 만들어 간단 말이야~.

 **예서:** 단체 활동에서 혼자 행동하면 어떡해!

 **하율:** (미안한 표정으로) 어…… 미안해. 이제 집중할게.

 **예서:** 알았어. 자, 계속 하자.

빈칸을 채워서 대본을 말해 보세요.

나: (____________) 너는 왜 놀고 있어?

친구: 난 내 거 아까 다 했어~.

나: 그래도 ____________.

친구: 그럼 너도 빨리 하고 놀아~.

나: ____________.

친구: (____________) 음…… 알았어. 내가 뭐 도와주면 돼?

나: 이것 좀 해 줘.

친구: 그래, 알았어.

만약에 이런 일이

만약에 이런 일이 일어난다면 나는 어떻게 할까요?

다음 상황을 읽고 빈칸을 채워서 문장을 만들어 읽어 보세요.

모둠 숙제를 하는데 한 친구가 하나도 일을 하지 않아요.
자기가 맡은 부분도 안 해 왔어요.
그리고는 웃으면서 미안하다고 말했어요.

그러면 나는 ________________ 생각이 날 것 같아요.

________________ 기분이 들 것 같아요.

그리고 나는 ________ 표정으로 “________________”라고 말해 줄 거예요.

그리고 이런 행동을 할 거예요. ____________________________

내가 만드는 만화

배운 내용을 생각하며 만화 내용을 채워 보세요.

정답 및 쉬어 가는 페이지

배운 내용을 생각하며 생각나는 대로 낙서해 보세요.

60쪽 문제 1번: ⑤ 얘들아, 내 말 좀 들어 줘.
60쪽 문제 2번: ④ 미안해. 다시 말해 줄래?
61쪽 문제 3번: ② 주석아, 모두들 열심히 하는데(후략)

저 자

이화여자대학교 대학원에서 언어병리학을 전공하였고, 현재는 임상에서 언어발달에 어려움을 겪고 있는 아동들을 만나고 있습니다. 아이들의 사회성과 화용언어에 특별한 관심을 가지고 연구하고 있습니다.

최소영

이화여자대학교 대학원에서 언어병리학을 전공하였습니다. 모든 아이들이 건강하게, 자유롭게, 행복하게 의사소통할 수 있는 세상을 소망하며, 의사소통에 어려움을 겪는 아이들을 교육하고 연구하는 일에 힘쓰고 있습니다.

허은경

공동저서로 『사회성을 길러주는 우리아이 언어치료』(김재리 · 조아라 · 최소영 · 허은경), 『어휘력을 길러주는 우리아이 언어학습』(김재리 · 최소영 · 허은경), 『사회적 상황추론 카드』(허은경 · 김재리 · 최소영), 『또박또박 재잘재잘 이야기 발음카드』(김재리 · 최소영 · 허은경)가 있으며, 언어치료사들과 부모님들의 나눔터인 예꿈카페를 운영하고 있습니다.

http://cafe.naver.com/jdreamchildren

손인형

손인형

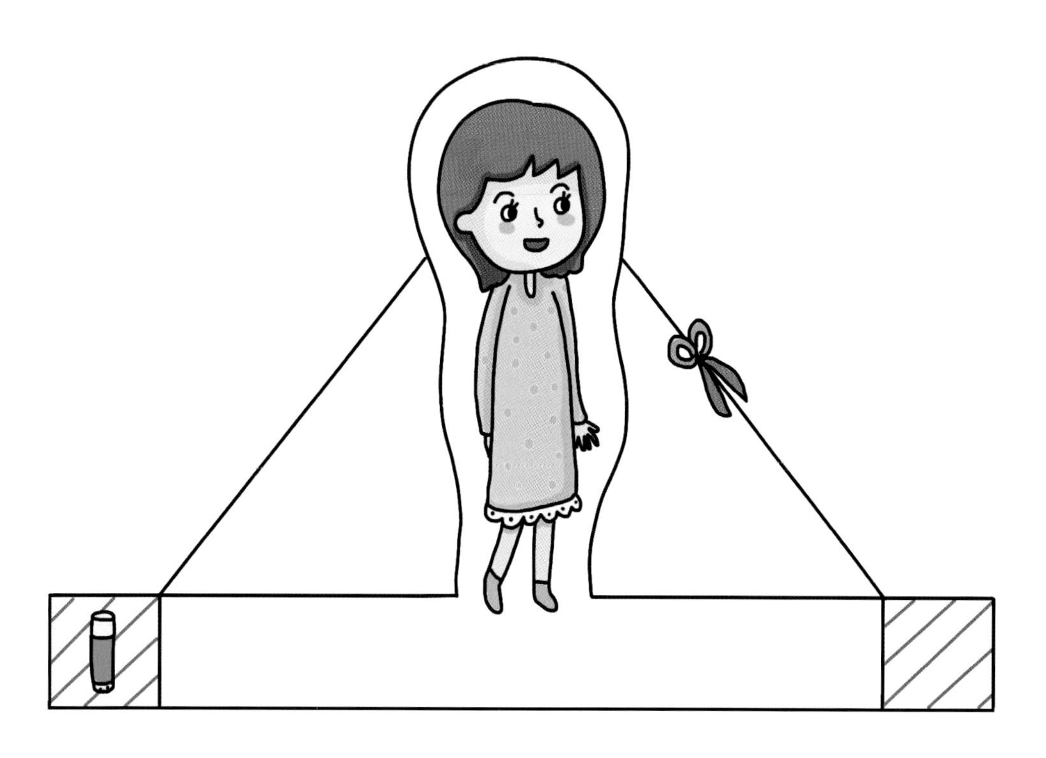

가위로 오려서 사용해요

가위로 오려서 사용해요

만화로 배우는

사회성 쑥쑥 화용언어 치료 4

초판 1쇄 발행 2015년 03월 27일
개정판 9쇄 발행 2024년 04월 30일

지은이 최소영 · 허은경
발행인 채종준

출판총괄 박능원
편집장 지성영
책임편집 이강임 · 신수빈
디자인 홍은표
마케팅 문선영 · 전예리
전자책 정담자리

브랜드 이담북스
주소 경기도 파주시 회동길 230 (문발동)
문의 ksibook13@kstudy.com

발행처 한국학술정보(주)
출판신고 2003년 9월 25일 제406-2003-000012호

ISBN 979-11-6603-367-4 14370
979-11-6603-363-6 14370 (전5권)

이담북스는 한국학술정보(주)의 출판 브랜드입니다.